引きこもりを克服するための法話

和田真雄

法藏館

目次

5 ありのままの自分を生かす世界を構築する

挿絵・上山靖子

1 不登校の家族の会での経験と引きこもり

一　どうしてうちの子がこんなことに（混乱の時期）

私が、カウンセラーの修業を本格的にはじめたのは、三十歳になってからです。私はカウンセラーとして、不登校に取り組もうと考えていたので、先輩のカウンセラーが主催していた「不登校の家族の会」の集まりに同席させてもらいました。

「不登校の家族の会」には、毎回十人ほどの母親が参加していて、自分の話したいことをみんなに向かって話し、それを聞いてそれぞれが、自分の思いを自由に話すというものでした。長く続いている集まりですから、ついこのあいだ不登校になった子どもを持つ母親から、会に三年四年と通い続けている人、学校に行けるようになったけれどまだ安心できないと考えている人など、いろいろな人がいました。

ある日のこと、小学五年生の女の子が学校に行けなくなって三か月という母親が参加しました。そして会がはじまると、混乱した気持ちを真っ直ぐにカウンセラーに向けて話しはじめました。ものすごい緊張感で、周りの誰も口を差し挟むことなどできません。そのときに母親が話したことは、「どうしてこんなことになってしまったのか」ということと、「一日も早く学校に行かせるためには、どうしたらいいのか教えてほしい」ということでした。

我が子が不登校になったときには、誰もがこのような混乱からはじまるのです。

その当時、まだ不登校に対する理解が十分ではなかったことから、夫や親戚から、「どんな育て方をしたんだ、早く学校に行かせろ」と、母親だけが一方的に責められるのが一般的でした。そして母親は、「自分の育て方が悪かった。何とかしなければ」と、一人で事態を背負うことになっていたのです。ですから、我が子が三か月前に不登校になったという母親は、混乱の極致にいたのです。

その日の会は、その母親の嘆きを聞き続けることで終わっていきました。一緒にいたお母さんは、誰もが同じ経験をしてきたので、その母親の嘆きや訴えを、我がことのように目に涙をにじませながら聞き続けていました。しかし、同時に、「一日も早く学校

に行かせなければ」という思いが心からなくならなければ、子どもが学校に行くことはないということを、あらためて実感してもいたのです。

子どもが不登校になると、「なんでこんなことになったのか」という原因探しがはじまります。「誰それにいじめられた」「担任の先生が怖い」など、はっきりとした原因があるときは、その原因を解消すれば、不登校はなくなります。ところが、多くの場合、そのような明確な原因が見つからないのが不登校という現象です。ですから、その次には、「学校にも行けないような子になったのは、誰のせいだ」と、責任者探しがはじまることになります。そして、たいていは「母親の責任」ということにされてしまうのです。そして、「何とかしろ」と責めたてられることになるのです。

そのような厳しい状況の中で三か月過ごしてきたわけですから、「一日も早く学校に行かせなければ」と、母親が必死になるのは当然のことなのです。さらに悪いことには、「早く学校に行ってほしい」という必死の思いが、子どもにも向けられるのです。子どもも、学校には行きたいのです。行きたいけれども、行けないというのが不登校です。行けるのだけれど、サボって別のことをしたいというのは、不登校ではありません。それは、単純な怠学《たいがく》です。

「学校には行きたいけれど、行けない」といって悩んでいる子どもに向かって、母親が「早く学校に行け」と必死で迫るわけですから、母親と子どもの関係は険悪なものになってしまいます。そして、子どもが部屋にこもって出てこなくなったり、昼夜逆転して親子が顔を合わせることもない状況になっていってしまうのです。

二　仕方がない、しばらく様子を見よう（諦めの時期）

子どもと顔を合わせることもできなくなってしまうと、親は「どうしようもない」と諦めるしかなくなります。しかし、学校に行かなくてもいいということではありませんから、学校の先生と相談したり、カウンセリングを子どもに受けさせようとしたり、解決する道を何とか探ろうとします。

ところが、厳しく叱っても、優しくなだめても、心をこめて励ましても、子どもは学校に行けるようにはなりません。思いつくかぎりの手立てを尽くしても学校に行けないということがわかると、今度こそ、ほんとうに諦めるしかありません。

しかし、諦めたからといって、それで心が穏やかになるわけではありません。

「このまま学校に行けなかったら、どうなるんだろう」

「どうして、こんないい加減な子に育ってしまったんだろう」

など、不安や愚痴が、次々と心に湧き起こってきてやむことがありません。そして、そのようなやり場のない気持ちが、やはり子どもに向かいますから、親子の関係が良くなることはありません。

そのような、緊張感に満ちた状況の中では、子どもの心も安らぐことはありません。その不登校の子どもは、どこに原因があるにしろ、精一杯の我慢を重ねてきたのです。その我慢が限界を超えて、学校に行けないという状態になってしまったのです。ですから、心の緊張をとき、心を安らかにして、もう一度社会復帰できるだけのエネルギーを心に蓄《たくわ》える必要があるのです。心にエネルギーがたまらなければ、いつまでも前に進むことはできません。母親が諦めて、子どもを直接叱ったり責めたりはしないとしても、「早く学校に行ってほしい」という気持ちを母親が持ち続けているあいだは、子どもはその思いをはね返すことにエネルギーを使って、自分の心にエネルギーをためることができません。ですから、不登校を改善するためには、「学校に行ってほしい」という願いを一時棚上げにして、子どものありのままを受けいれて、子どもの心を安らかにしてあげる必要があるのです。

子どもの不登校を経験した母親や、その改善を数多くアドバイスしてきたカウンセラーには、そのことは十分にわかっています。ですから、早く母親が子どもの現状を受けいれる気持ちになってくれればと願っています。しかし、誰もそれを口に出すことはありません。混乱や諦めの気持ちで一杯になっている母親に、「現状を受けいれてほしい」とアドバイスしても、

「学校に行かなくてもいいなんて、責任のない他人だからいえること」

と反発されるだけだとわかっているからです。

三　子どもの気持ちを受容できるようになる（受容の時期）

「学校に行ってほしい」と、どんなに熱心に願い続けても、子どもが学校に行けるようにはなりません。月日が流れ、親の諦めがより深くなり心が静かになったとき、子どもの心が抱えている悲しさに気づく場面が訪れます。

ある母親は、子どもが、深夜一時にマフラーで顔を隠すようにしてコンビニに買い物に出かける姿を見て、子どもの心の中の恐れを感じました。それまでは、部屋にこもって何をしているんだ。いいたいことがあったら、はっきりといえばいいじゃないかと、自分の世界で考えていたのです。ところが、深夜一時にならなければ外に出ることができず、しかも顔を隠さないと買い物に行けないという姿を見て、それほどに恐れなければならないものがあるということに気づいたのです。そのことをきっかけにして、子どもがそれほどに恐れているものはいったいなんだろうかと、考えるようになりました。

このように、子どもの心に寄りそう気持ちが出てくると、不登校の子どもを責める心がしだいに薄くなってきて、親子の間の緊張感がなくなってきます。それを感じる子ど

もも、心がしだいに穏やかになり、心にエネルギーをためることができるようになって
いくのです。そして、ポツポツと会話ができるようにもなってくるのです。

会話ができるようになると、母親が感じた子どもの心の中の闇や、心の中にある恐れについて聞くことができるようになります。それによって、子どもの心の課題をしっかりと受け止め、それを解決するために一緒に考えることができるようにもなるのです。

しかし、不登校にまでなってしまった子どもの心の課題は、「ではこうすればいい」と簡単に解決するようなものではありません。そのことがほんとうにわかってくると、もう「早く学校に行け」とはいえないと思えるようにもなるのです。これが、子どもの心に寄りそって、その心の苦しみに共感したことによって生まれる受容です。

このように、子どものありのままを受容する心が生まれてくると、不登校は解決に向かって前に進むことになるのです。

四　子どもがしだいに元気になる（回復の時期）

深夜一時になってコンビニに買い物に行っていた、中学一年生の女の子が、母親と再

び会話をはじめたきっかけは、子どもがコンビニで買ってきたお菓子でした。夕食のあと片付けがすんで、お風呂の支度をし、着替えの準備をして台所に戻ってくると、子どもが食卓に座ってお菓子を食べていたのです。いつもは夕食がすんだらすぐに自分の部屋に帰って行き、お風呂も夜遅くに勝手に入っていて、母親は知らないような状態でした。ところが、今日はなぜか、食卓に座ってお菓子を食べているのです。

お母さんは、少しドキドキしながら、子どもに話しかけました。

「それ、コンビニで買ってきたお菓子」

「そう、新しく出た、オリーブオイル味のポテトチップ」

「どう、おいしい」

「まあ、まあ」

「そう、じゃあお母さんは、お風呂に入ってくるから」

「うん」

最初は、これだけのさりげない会話でした。しかし、お母さんは、その姿を見て、何かホッとしたものを感じました。遠くに行っていた子どもが、ようやく自分のところに帰ってきてくれた気がしたからです。

母親が、「早く学校に行ってくれ」と願っているあいだは、その願いが圧力になって、子どもは母親に近づけません。また、「こんなことを続けていて、いったいどうするつもりだ」と、子どもを責める気持ちがあるあいだも、やはり、子どもは母親に近づけません。ところが、母親が、「子どもはどんな気持ちでいるんだろう。何を苦しんでいるんだろう」と、子どもを受容する気持ちを持ったとたん、それが子どもにも伝わり、子どもは自分の気持ちをわかってもらいたくて、自分のほうから歩みよってくるのです。こういうことが、子どもを受容することによって起こってくるのです。

このことがきっかけになり、二人で食卓で話すことが増えていきました。子どもは、学校に行けなくなった原因を、少しずつですが話してくれました。

子どもは、中学校に入学して新しい環境に変わり、かなり緊張していたのですが、三人グループの男の子から、背が高くて痩せていることをからかわれたというのです。それがきっかけになって、女の子たちもあまり話してくれなくなり、しだいにクラスで孤立するようになっていったのです。二学期になっても、状況はあまり変わりませんでした。さらに、運動会の練習がはじまったとき、走る姿がおかしいと、クラスのみんなに大きな声で笑われたのです。それが心の傷になり、それ以後「クラスのみんなが自分の

ことを笑っている」という思いに押しつぶされるようになり、お正月明けの三学期には学校に行けなくなってしまったのです。

　母親にとっては、何もかも初めて聞くことばかりでした。そして、子どもがどんなことに耐えてきたのかを知って、初めて共に涙を流すことができたのです。共に涙を流したことによって、二人の心はしっかりと繋がりました。それを待っていたかのように、子どもは今の気持ちを、せきを切ったように話しはじめたのです。

「お母さん、私、人に会うのが怖いの」

「どうして」

「みんなが、私の悪口をいって、笑いものにしているような気がする」

「そうか、そんなふうに思ってるの」

「だから、外に出ていけないの」

母親は、子どもがそんなことで悩むなんて、思ったこともありませんでした。自分のことを思い出してみても、友だちと遊んだり話したりするのが楽しくて、学校に喜んで行った記憶しかありません。インフルエンザになって一週間外出を禁止されたときは、友だちに会えないのがひたすら悲しく、早く治って友だちに会いたいとばかり思っていたものです。ところが、我が子は、「人に会うのが怖い」と苦しんでいるのです。

母親は、そのとき、自分の心を真っ白にしないと、とても子どもの心の闇を受け止めることはできないと感じました。そして、ただひたすら、子どもの心に寄りそっていったのです。

母親が真っ白な心で聞いてくれることに力づけられて、子どもは自分の気持ちを話していきました。外に出て、二、三人が立ち話をしているのを見ると、自分の悪口をいっているように思えてしまう。そんなことになってしまったから、昼間はとても外に出て行くことはできなくなった。また、誰かと目が合うと、自分のことを笑いものにするような気がする。だから、顔を上げて道を歩くこともできなくなってしまった。

こんな話を聞いて、母親は初めて、夜中の一時にマフラーで顔を隠して出かけていた

子どもの心の内を知ることができました。そして、そのつらさや苦しさを、心の奥で受け止めたのです。これまで母親は、

「買い物に行くのなら、夜中の一時に行かなくても、昼間に行けばいいじゃないか」

「夜中に、わざわざ顔まで隠して行くくらいなら、行かなきゃいいじゃないか」

こんなことを考えていたのです。そして、そのように考えたのが、どれほど子どもの心と離れていたのかを実感したのです。

このように、心がどんどん一つになっていくと、「早く学校に行け」という思いが吹き飛んでしまいます。そして、苦しさ悲しさを共有したうえで、ここからどうすれば抜け出せるのかを、一緒になって考えるようになるのです。これが、共感によって、心が深く繋がった状態です。親子で、このような状態になれば、もう回復は目の前です。

五　不登校より深刻な引きこもり

不登校を克服するためには、共感によって心を繋げ、外に出て行ける心のエネルギーをためればいいのです。それによって、多くの人が不登校を克服していくことになった

のですが、なかには外に出て行くことができず、長く家に引きこもる人が出てきました。しかもそれが、しだいに数が多くなり、期間も十年、二十年と長期におよぶ人が増えてきたのです。それが、「引きこもり」といわれる人々で、現在では八十万人とも百万人におよぶともいわれています。

「引きこもり」は、多くが不登校をきっかけにして起こっています。それで、最初は普通の不登校と考えて、対処することになります。不登校になった直接の原因、いじめや体育嫌い、担任の先生との相性の悪さなどを明らかにして、その原因を取り除くなり、環境を変えることで、学校に行けるようにしようとします。また、それだけでは克服できないときには、時間をかけて心のエネルギーをためて学校に行けるようにしようとします。

不登校の場合、学校に対する不適応で学校に行けないという人も多いことから、高等学校までは学校に行けなくても、「大学入学資格検定（大検）」を受けて大学に入学して社会復帰を果たす人もいます。ですから、学齢期が終わって情況が変われば、自分なりの人生を見つけていけるということがあるのです。ですから、小学校で不登校になって、五年、十年と不登校を続ける人というのは少なくありません。そこで、ゆっくりしていれば、いつかは自分にできることを見つけて、自分なりの人生を開いていくだろうと、周りでは期待を持って見守り続けることになるのです。

ところが、「引きこもり」の人の場合は、どれだけ待っても家から出られなかったり、アルバイトのような仕事であっても続けることができるようにはならないのです。また人とのコミュニケーションも十分にできないことが多く、独りで家にこもることが多くなり、親の世話になって生活するしかないという状態が固定化してしまうのです。そして、そのような状態が十年、十五年、二十年と続いてしまうのです。

一般的な不登校の場合は、外に出て行くために、心を元気にする必要がありました。ですから、共感によって心にエネルギーをためて、社会に出て行けるようにしたのです。ところが、「引きこもり」の人の場合は、心を元気にするだけでは社会に出て行けない何かを、心の内に抱えているのです。自分の人生を自分で築いていく力が弱く、引きこもらなくては生きていけない事情を内に抱えているのです。

ですから、引きこもりを克服するためには、引きこもらざるをえない原因が何かということを明らかにし、そしてさらに、それをどのようにすれば解決できるのかを考える必要があるのです。

2 引きこもりの心の内面を理解する

一 引きこもりの世界の特徴

私は、カウンセリングに利用するために、「コミュニケーション構造の分析（ACS）」という心理テストを作りました。それを二十年にわたって使ってきて、引きこもりの人の特徴がわかってきました。その特徴とは、

1、他人と交流すること、会話することが極端に嫌い。
2、全体を否定的に見る傾向が強く、自分に自信を持つことができない。
3、自分の世界から出たくない、また他人が自分の世界に入ってくることも嫌う。
4、自分が何をしたいのかもよくわからず、他人に頼らないと何もできない。

このような四つの傾向がすべて重なっているのが、引きこもりの人の世界だったのです。

今まで、私は三万人を超える人のテスト結果を見てきて、人の個性はさまざまでいろ

いろな個性があることを実感してきました。そのように、人にはいろいろな個性があるのですが、この四つの特徴がすべて重なることは、ほとんどありませんでした。その意味で、引きこもりの人の世界は、かなり特徴的なものだったのです。それがわかったとき、私は、引きこもりの人がなぜ社会へ出ていくことが難しいのか、その理由が理解できたのです。

そこで、四つの特徴を詳しくみることで、引きこもりの人の抱えている課題を明らかにしたいと思います。

二　なぜ、普通に人と交流できないのか

引きこもりの人は、「他人と交流すること、会話することが極端に嫌い」という特徴があり、人と一緒にいると気疲れし、会話をするのが苦痛だという世界を生きているのです。

ここでいう会話というのは、日常的な会話で、「おはよう」「行ってきます」「ただいま」という挨拶にはじまって、「今日学校でこんなことがあった」「○○ちゃんが、いた

ボクは何が
したいんだろう
何をすれば
いいんだろう

ずらして先生に叱られた」というような会話です。こんな会話をするのが、苦痛だという世界を生きているのです。ですから、友だちと一緒にいても、ほとんど自分からは話をしません。話を振られたとしても、「そうだね」とか、「まあね」というような、最小限の会話しかしません。

これは、家族といるときも同じです。家族で茶の間で団らんするというのが、会話や交流が好きな人にとっては、なによりの楽しみであり、心休まるときなのです。ところが、引きこもりの人にとっては、その家族の団らんも居心地の悪いものでしかないのです。それで、家族とも話をすることなく、自分の部屋にこもっていくのです。このように、家族とも話をしないで、自分の部屋で独りでいるというのが、一番楽にいられる在り方なのです。

会話や交流が好きな人からすると、独りでいて誰とも話さないのが一番楽というのは、信じられないことかもしれません。しかし、そのような個性を持った人はたしかにいるのです。引きこもりの人は、そのような世界を生きていますから、友だちを作って親しく悩みを聞いてもらうということがありません。また、家族に囲まれて、心が休まるということもないのです。ですから、強いストレスを感じるようなときには、一番楽にいられる自分の部屋にこもることになるのです。

三　なぜ、前向きになれないのか

引きこもりの人は、「全体を否定的に見る傾向が強く、自分に自信を持つことができない」という特徴を持っています。

否定的に見る傾向というのは、まず自分自身に向けられます。そのために、自分が生まれてきたことを素直に喜べません。さらに、生きていることは、つらくて苦しいことばかりと感じていて、どうして生き続けなければならないのかわからないと思っているのです。また、自分に自信も持てません。何をしてもうまくいく気がしないのです。ですから、何をするにも用心深く、「石橋を叩いても渡らない」というほど消極的にしかなれません。

また、周りの人に対しても、否定的な気持ちが抜けません。「人を見たら泥棒と思え」という諺《ことわざ》のとおり、自分を傷つけるのではないかと用心を怠《おこた》りません。ですから、困った人があっても、軽々しく助けるようなことはしません。実際に、病人のふりをして道に倒れていて、心配して近寄ってきた人が抱き起こしてくれたときに、財布を盗るという泥棒がいるのです。そんな話を聞くと、やっぱりどんな状況でも、人を信用してはいけないと、心にしっかりといい聞かせるようになるのです。

そのように、他人を信用するということがないわけですから、他人に頼るということができません。親切そうに助けてあげようと近づいてきた人が、荷物を持って逃げてしまったということもあるのです。ですから、他人に助けを求めることはできません。どんなときでも、自分だけが頼りなのです。

さらに、この世界に対しても否定的です。人生はつらいことも多く、どんなに頑張っても報われるとはかぎりません。努力しても報われず、苦労の中で人生を終わる人もいます。ですから、努力することが尊いとはとても思えません。頑張ればなんとかなるとも思えません。しかも、自分に自信も持てず、自分は不運な人生を背負っていると思いこんでいますから、自分が希望をかなえられるとはとても思えません。ですから、障害に出会うとすぐに死んだほうがましだと考えるようになるのです。この世の中は、歯を食いしばってまで頑張って生きる価値のある世界だとは、とうてい思えないからです。

引きこもりの人は、このようにすべてに否定的な世界を生きているのです。ですから、何か新しいことをはじめようとしても、「きっとうまくいかない」と、最初から尻込みしてしまうのです。自分の人生を変えたいと思っても、周りの人を信頼していませんから、助けを求めることもできません。そして、どうしようもないと思うと、「どうせ生きる意味のないいのちだから」と、すぐに死に安らぎを求めることになるのです。「死んだら楽になれる」と考えてしまうと、苦労して何かをはじめることも、歯を食いしばって今の状況を維持することもできなくなってしまいます。どんなに励ましても、どんなに手助けをしようとしても、生きることを投げ出してしまった心を、前向きにすることはできません。

生きていることは素晴らしいと、素直に感じられる人から見ると、努力することもせず「死に安らぎを求める」ことなど、信じられないことでしょう。しかし、実際にそのような世界を生きている人はいるのです。特に不幸が重なって、そのような思いに追いこまれたというわけではありません。引きこもりの人は、自分に自信がなく、世界に対する信頼もないのですから、生き続けることに大きな意義を本質的に見いだせないというこことなのです。ですから、「死ねば楽になれる」という思いを常に抱きながら、一日一日をしのぐようにして生き続けているのです。

このように、かなり厳しい世界に生きているのが、引きこもりの人なのです。ですから、少しくらいの励ましや手助けをしたくらいでは、前向きにすることができないのです。

四　なぜ、自分の世界から出ようとしないのか

引きこもりの人は、「自分の世界から出たくない、また他人が自分の世界に入ってくることも嫌う」という特徴を持っています。自分の世界から出たくないというのは、新しいもの、なじみのないものが苦手だからです。自分のよく知っているもの、自分のお

気に入りの場所が大好きで、それ以外のものには興味がありません。食べたことがないものは、得体が知れないもの、気味の悪いものと感じて、けっして食べようともしません。行ったことがない所は、よく知らないから行きたくないと思います。

そのように、引きこもりの人は、新しいことをはじめることを極端に嫌うのです。ですから、周りの人が、「おもしろいからやってみたら」と勧めても、絶対にしようとしませんし、「おいしいから食べてみたら」と珍しいものを勧めても、絶対に食べません。

このように、周りの人の親切を受けいれませんから、友だちも増えていきません。それどころか、自分の生活を変えられたくないために、人を近づけないようにもしているのです。このために、「他人が自分の世界に入ってくることを嫌う」という特徴を持つことになるのです。

また、引きこもりの人は、自分のことを人に知られることが大嫌いです。どんな趣味を持っているのか、休みにはどんなことをしているのか、そんな何気ないことも知られたくないと思っています。ですから、親しく付きあう友だちができません。それどころか、関係を近くすると、自分のことをいろいろ聞かれることになりますから、誰も自分の世界に近づけないようにしています。そのために、周りからは、とても近づきにくい、よくわからない謎めいた人とみられることになり、友だちになろうとする人もいないのです。

このように、引きこもりの人は、自分がなじんでいる世界で、自分独りで誰にも邪魔されないでいるのが一番幸せなのです。そのために、友だちも作らないようにしますし、家族が自分の世界に入ってくることも許しません。これほどに、人が近づくことを嫌いますから、周りから手を出すことも口を出すこともできないのです。

多くの友だちと交流することが好きな人から見ると、狭い自分の世界に引きこもり、自分だけでいるなんて、寂しすぎるし退屈で死にそうになると思われるかもしれません。しかし、引きこもりの人にとっては、そのような世界が一番楽にいられる世界であり、新しいものが入ってくると、どうしていいのかわからなくなって戸惑ってしまうのです。ですから、できるかぎり自分の世界から出ないようにしますし、誰も自分の世界に近づけないように気を配っているのです。

引きこもりの人は、このような世界に生きていますから、周りの人が、生活を変えてあげようといろいろと手を差し伸べたとしても、けっしてそれを受けいれることはなく、自分の世界から出てくることもないのです。

五　なぜ、何もしないで引きこもりを続けるのか

引きこもりの人は、「自分が何をしたいのかもよくわからず、他人に頼らないと何もできない」という特徴を持っています。「自分が何をしたいのかよくわからない」ということなので、食堂に行って自分が食べるものも、自分では決められません。自分の服も、自分で何を買うか決めることができません。自分では決められませんから、店員に勧められるままに買うか、友だちの意見に従って買うことになります。

自分の食べるものとか、自分の着る服すら決められないのですから、自分の進路を自分で決めることなどなおさらできません。自分が何をしたいのかが、よくわからないからです。ですから、どんな仕事をしたいのかも決められないのです。

仕事に就いたとしても、いいつけられたことしかできません。新しい仕事の企画を立てろといわれても、何をどうしていいのかわからず、誰かに教えてもらってそのままを提出することしかできません。ですから、責任のある役職になることはできません。

このように、引きこもりの人は、自分では何も決められないので、すべてを誰かに決

めてもらわないと何もできません。ですから、頼りにできる人がいないと、生きていくことができないのです。

自分の思いで生きていくタイプの人から見たら、自分のしたいこともわからないというのは、信じられないことかもしれません。しかし、逆から考えると、自分のしたいことが特になく、こだわりもないことから、周りの人の意見に素直に従って生きていくことができるのです。その意味では、いいつけられたことを素直に聞いて、いわれるままに生きることができる、素直な良い人ということもできるのです。

このように、引きこもりの人は、自分では何も決められず、誰かを頼りにしないと生活できない世界を生きているのです。ですから、両親が子どもに向かって、「このさい学校を卒業しなくてもいいから、部屋から出て自分の好きなことをしてほしい」といっても、自分のしたいことがわからないのですから、子ども自身が何をどうしていいのかわからないのです。そのために、何かに向かって歩みはじめるということができないのです。

六　状況を変える手掛かりがない

引きこもりの人には、次のような特徴があります。

1、他人と交流すること、会話することが極端に嫌い。

2、全体を否定的に見る傾向が強く、自分に自信を持つことができない。

3、自分の世界から出たくない、また他人が自分の世界に入ってくることも嫌う。

4、自分が何をしたいのかもよくわからず、他人に頼らないと何もできない。

これをもう一度まとめてみると、「他人と交流すること、会話することが極端に嫌い」ということで、友だち付きあいがほとんどなく、家族との会話も極めて少ないのです。さらに、「自分の世界から出たくない、また他人が自分の世界に入ってくることも嫌う」ということで、誰かが自分の世界に近づこうとしても、それを拒むことまでしてしまうのです。

ですから、友だちができるはずもなく、家族とも疎遠になり、ほんとうに自分独りの世界を自分独りで生きていくということになっていたのです。このように、自分の世界に引きこもるという傾向を強く持っているために、周りの人が、その生活を変えてあげようと思って手を差し伸べたとしても、ことごとく拒否され、手を繋ぐきっかけすらつかめないということになってしまうのです。

そのように、周りの人との繋がりを拒否して、自分独りで生きていきたいというのなら、自分らしい生き方を自分で見つけて、人生を開いていってくれればいいのです。自分の部屋に引きこもって「何もしない人生を送り続ける」ということが最大の問題なのですから、部屋から出て自分らしい人生を送ればいいのです。

ところが、「自分が何をしたいのかもよくわからず、他人に頼らないと何もできない」という特徴も持つために、「自分らしく生きていけばいい」といわれても、どうしていいのかわからず、しかも、「全体を否定的に見る傾向が強く、自分に自信を持つことができない」という特徴が重なるために、「自分らしい人生を自分で開くことなどできない」と、最初から諦めてしまうことになるのです。

このように、自分に自信がなく、他人に頼らないと生きていけないにもかかわらず、他人が自分に近づき、自分の世界に影響を与えることを拒否するという、矛盾した傾向を心の内に抱えているのです。そのために、自分でもどうしていいのかわからないということになってしまっているのです。

このように、自分でもどうしていいのかわからないという心を抱えていることから、いつまで待っても事態を改善することができなかったのです。さらに、自分でもどうしていいのかよくわからないのですから、親といえども「こうすれば改善する」という解決策を簡単には見つけられるはずがありません。ですから、具体的には「何を提案しても拒否される」ということになり、それで「人のいうことを聞かないのなら、自分で何とかしろ」と突き放すのですが、「いつまでも何もしない」ということになるのです。そこで、あまりに何もしないので「これをしてみたら」と提案するのですが、あっさり拒否されるということを繰り返し、歳を重ねていよいよ事態が深刻になるということになってしまうのです。

このような負のスパイラルを断ち切る必要があるのですが、引きこもりの人の自主性に任せていたのでは、現状を変えることはできません。ですから、外から何らかの援助や手助けが必要になるのです。そこで、引きこもりの状態から抜け出すために、どのような援助をすればよいのかを考えてみたいと思います。

③ 引きこもりは、元気な自己世界を作る必要がある

一　他人に頼らなくても生きていける自分を作る

引きこもりの人は、自分に自信がなく、他人に頼らないと生きていけないにもかかわらず、他人が自分に近づき、自分の世界に影響を与えることを拒否するという、矛盾した傾向を心の内に抱えていました。さらに、自分で状況を変える手掛かりを持たないにもかかわらず、他人が手助けすることを拒むことから、引きこもりの状況を改善することができません。ですから、状況を改善するためには、心の内に抱えた矛盾を解消しなければならないのです。

では、心の内に抱えた矛盾は、どのようにすれば解消できるのでしょうか。

心の内の矛盾の内容は、「自分に自信がなく他人を頼りにするにもかかわらず、他人の手助けを拒む」というものです。これを解消するためには、「自分に自信がなく他人

を頼りにする」というのを改善し、「他人に頼らなくても生きていける自分」を作ることです。

では、どのようにすれば、「他人に頼らなくても生きていける自分」を作ることができるのでしょう。これを考えるときに、自分に自信を持って生きている人の世界が参考になります。自分に自信を持って生きている人は、すべてに肯定的な感覚を持っています。自分に対しても肯定的で、生まれてきたことを幸せと感じ、生きていることを素晴らしいと感じています。それで、自分の感性のままに、天真爛漫に生きていくことができるのです。

このように、自分の感性に従って天真爛漫に生きていくことができるようになれば、誰に頼ることもなく自分なりの世界を築くことができます。では、そのような感性は、どのようにして身につけられたのでしょう。それがわかれば、引きこもりの人の心の矛盾も解消することができるわけです。

すべてを肯定的に見る感性を、アメリカの精神分析家のエリクソン(一九〇二〜一九九四)は「基本的信頼」といいました。そして、その「基本的信頼」というのは、人間が生まれてきてから一歳までのあいだに獲得する心理傾向で、養育環境が良好な場合には、

「自分に対する信頼」「周りの人に対する信頼」が育つといわれます。そして、養育環境が悪かったときには、「自分に対する不信感」「周りの人に対する不信感」が育つといわれます。引きこもりの人が、「全体を否定的に見る傾向が強く、自分に自信を持つことができない」という特徴を持ったのは、「基本的信頼」が十分に育つことがなかった結果なのです。

ですから、「基本的信頼」を回復して、「自分の感性に従って天真爛漫に生きていくことができる」人になれば、心の内の矛盾が解消され、引きこもりの状況を改善することができるようになるのです。

二　親の共感が「自己信頼の心」を育てる

エリクソンのいう「基本的信頼」を回復すれば、自分の感性に従って天真爛漫に生きていくことができるようになり、誰に頼ることもなく自分なりの世界を築くことができます。ところが、「基本的信頼」は、生まれてから一歳までのあいだに獲得されるものので、それ以後大きく変わるものではないとされています。そこで、「基本的信頼」がどのように獲得されるのかを明らかにし、さらに一歳以後にも育つといわれる「自己信頼の心」がどのように育つのかを明らかにしたいと思います。それによって、自分の感性を信頼し、自信を持って生きていく世界がどのように獲得されるのかを考えてみたいと思います。

「基本的信頼」がどのように獲得されるのかというと、エリクソンは養育環境によるとしていますが、具体的には養育者の共感によって子どもの感情が受容されることで育てられているのです。

「基本的信頼」の心を育てるものは、養育者の共感の心です。生まれてきた赤ん坊は、まだ言葉を話すことができません。ただ、心地いい、気持ち悪い、お腹がすいたという気分に刺激されて、笑ったり、泣いたり、ぐずったりするだけです。ところが、共感感情というのは、感情を直接感じるものですから、赤ん坊の気持ちをそのままに受け止めることができます。そこで、おしめが濡れて気持ちが悪いと赤ん坊が泣くと、養育者が飛んできて、「おしめが濡れて気持ちが悪いんだね。やだね、やだね、早く替えないとね」と、赤ん坊の「気持ちが悪い」という感情を受け止めておしめを替えてくれるのです。

おしめを替えてもらった赤ん坊は、気持ちよくなってニコニコと笑います。それを見た養育者は、赤ん坊が喜んでいる気持ちを、共感感情によって受け止めます。そして自分も嬉しくなって、「気持ちよくなってよかったね、おしめ替えてよかったね」と、嬉しい気持ちを共有するのです。このように、共感感情は、赤ん坊の嬉しい気持ちを受けて、自分の気持ちも嬉しくなり、赤ん坊の悲しい気持ち、切ない気持ちを受けて、自分の気持ちも悲しくなり、切なくなる心なのです。

このような、養育者の共感の心に包まれることで、赤ん坊の心には、自分の心に起こる感情は、周りの人にわかってもらえる、心を繋げることができる感情だという気持ちが育っていきます。言葉を話せない赤ん坊ですが、養育者の「そうだね、そうだよ」と、自分の気持ちを受け止めてもらった心はしっかりと伝わっていきます。このようにして、赤ん坊と養育者の共感による心の交流が繰り返されて、エリクソンが生まれてから一歳までのあいだに獲得されるという「基本的信頼」が育てられるのです。

養育者の共感は、一歳が過ぎたあとも、子育てのあいだずっと続きます。散歩に行ってきれいな花畑を見て、「ニッコリ」と笑った赤ん坊の気持ちを受け止めて、養育者が「きれいだね。お花きれいだね」といいながら、嬉しい気持ちを返してくれます。自分

の気持ちがそのままに受け止められたことを実感した赤ん坊は、自分が花を見て感じた気持ちは、養育者に受け止めてもらえる心だという実感を持ちます。

散歩に行って、犬にほえられて、震えるような恐ろしい気持ちを感じたとき、やはり養育者がその気持ちを受け止めて、「怖いね、びっくりしたね、早くあっちへ行こうね」と、そのままを受け止めてくれます。それによって、自分が感じた気持ちは、みんなと同じ気持ちなのだという実感を持つのです。

離乳食がはじまり、初めてオレンジジュースを飲んだときは、酸っぱいような甘いような味を感じて、顔をしかめたり微笑んだりします。すると養育者は、やはりその微妙な感情のすべてを受け止めてくれて、「酸っぱかったかな、でも甘くておいしいね」と、赤ん坊が感じたままを返してくれるのです。このように、赤ん坊の心に起こってくる感情を、すべて受け止めてくれて「そうだね」と返してくれることが繰り返されることで、赤ん坊はいろいろなことに出会って感じた自分の感情が、そのままわかってもらえる、心を繋ぐことができる信頼していい気持ちであるという実感を深めていくのです。これが、三歳くらいまで続くことで、赤ん坊は自分の感情に対する信頼感を、さらにたしかなものとして持つことができるようになるのです。これが「基本的信頼」を基礎にして、それがさらに意識化されて「自己信頼の心」が豊かに育てられていく具体的な姿です。

それでは、赤ん坊が共感の心に包まれなかったら、どのようなことになるのでしょう。おしめが濡れて赤ん坊が泣いたら、養育者はすぐに来てくれます。そして、おしめは替えてもらえるのですが、そこに共感の心がないと、それは作業としてなされます。ですから、「濡れて気持ち悪いね」とか、「長いあいだ気持ち悪かったね」というような感情の交流がありません。また、おしめを替えてもらって、赤ん坊が気持ちよくなってニコニコ笑ったとしても、それは作業がすんだサインでしかなく、養育者は声をかけることもなく去って行ってしまうのです。ですから、「気持ちよくなってよかったね」とか、

「わー、嬉しいんだ、よかったね」というような感情の交流がないのです。

このような、感情の交流のない子育てを、「世話の子育て」といいます。世話はされていますから、体は育って大きくはなるのですが、「自己信頼の心」は育っていきません。それに対して、共感による感情の交流のある子育てを、「心を育てる子育て」といいます。赤ん坊の感じた気持ちが、そのまま養育者から返されてきますから、しっかりと心が通じた実感を持つとともに、自分の感情は周りの人にわかってもらえる、信頼できるものだという、「自己信頼の心」が育っていくのです。

またさらに、共感による感情交流のない子育ての場合は、散歩に行ってお花畑を見て赤ん坊がニコッと笑ったとき、赤ん坊が花に興味を持ったと考えて、

「この花は、パンジーという花だ。日本の名前は三色すみれ。春から夏に咲く、スミレ科の一年生草本だよ」

と、ゼロ歳児からの知育教育をしようとするのです。教えていることは間違いのないことですが、これでは心が育ちません。

また、犬にほえられて赤ん坊が怖がったときでも、

「あんな小さい犬なのに、怖がるなんて、いくじなしだなー」

と馬鹿にしたり、

「日本男児は、犬ぐらいで怖がっちゃ駄目だ。ウーと、うなり返せ」

と叱ったりします。いっていることが間違っているとはいいませんが、赤ん坊と心が繋がっていないのは間違いがありません。

このような、赤ん坊と心が繋がらないような知育教育や躾《しつけ》を続けていると、赤ん坊の自己信頼の心は育ちません。自分の感じている気持ちが、そのまま受け止めてもらえないことが続くと、自分の感情が周りの人にわかってもらえないのは、自分が感じている気持ちがおかしいからだ、わかってもらえないのは、自分の感じ方が変なんだと「自己不信の心」を育ててしまうからです。

ただ、現実は複雑で、養育者が子どもの心を受け止めて心を育てようとしても、子どもの感情が一般的なものから離れていたりすると、共感が成り立たないことがあります。また、子どもが共感を感じにくい傾向が強い場合は、養育者の気持ちが受け取れないということも起こります。

また、養育者の世界が普通と違っていたりすることもあります。そうすると、養育者が自分の世界で共感したとしても、それが子どもに伝わらないことも起きてきます。このように、さまざまな状況が重なりますから、子どもにはさまざまな心が育つことになります。

三　親子の心を繋ぐ共感とは

自分の感性は、周りの人にわかってもらえる、周りの人と心が繋がる信頼できるものだという思いが、「自己信頼の心」です。この自己信頼の心をしっかりと育てれば、自分の感性をそのままに生きていくことができるようになり、「自分に自信がなく他人を頼りにする」という傾向を薄くすることができるのです。それによって、「他人に頼らなくても生きていける自分」を育てることになり、引きこもりを改善することができるのです。

その「自己信頼の心」を育てるのも、共感です。子どもの心をありのままに受け止め、「なるほど、そうなのか」と共感することによって、子どもは、自分の気持ちがわかってもらえたと実感することができるのです。そのような、心の繋がりを実感することによって、自分の感性のままに生きていく力が育っていくのです。

幼少期に「自己信頼の心」を十分に育てることができず、自分に自信が持てない心を抱えることになった引きこもりの人ですが、その心のすべてをもう一度共感で包み直すことによって、あらためて「自己信頼の心」を育てることができるのです。

では、共感によって「子どもの心をありのままに受け止める」というのは、具体的にはどうすることなのでしょう。

大学の入学試験に合格し、入学式には出ることができたのですが、一日も授業を受けることなく、そのまま八年たってしまった人がいました。父親は、「いつまでこんなことを続けるつもりだ。いったい将来どうするつもりなんだ」といい続けていました。これは、子どもの将来を心配する親なら誰でも考えることで、当然のことといえます。しかし、「状況を変える手掛かりがない」世界を生きている子どもにしてみれば、あまりにも自分の心から遠いことであって、とても父親の問いに答えることはできません。

子どもは、高校を卒業するまでは、何とか学校に行けたのです。そして大学の入学試験には合格できたのです。親としては、大学に入ってこれでもう大丈夫と、肩の荷をおろしました。ところが、子どもにとっては、大学に行くことが、高校に行くことよりも大変だったのです。高校までは、すべて決められたことに従えばよかったのです。決められたクラスに入って、決められた時間割で決められたスケジュールに従っていればよかったのです。学校が好きであったわけではありません。友だち付きあいもほとんどありませんでした。しかし、決められた自分の席に、じっと座って授業を受けることはできたのです。そのようにして、ぎりぎりのところで、高校を卒業することはできたのです。

ところが、大学では、すべてを自分で決めなければなりません。受講する授業も自分で決めなければなりません。入学式のときにもらった書類をながめながら、どの授業を受けようかと考えてみたのですが、頭が混乱するばかりで、決められない自分を実感したのです。「自分が何をしたいのかよくわからない」という世界を抱えていた子どもにとって、それが乗り越えることのできない障害になったのです。

また、入学式に行ったとき、サークルのにぎやかな勧誘を見たのです。その熱気と混乱を体験して、居場所を見つけることができない自分を実感していました。そのために、何とかしてここを乗り越えようという意欲もなくしてしまったのです。

「自分が何をしたいのかよくわからない」という世界を抱えていた子どもにとっては、「自分の希望どおりに生きていい」という大学のシステムが障害になってしまったのです。ところが、それがわからない父親は、

「大学に行かないのなら、それでもいい。自分の好きなことをしていいから、何かをはじめなさい」

といったのです。

しかし、「自分の好きなこと」がわからず、「何をしたいのかもわからない」ことで悩んでいるのですから、新しい一歩を踏み出すことはできません。ですから、いつまでもぐずぐずし続けて、八年がたってしまったのです。そしてそのあいだずっと、父親は、

「いつまでこんなことを続けるつもりだ。いったい将来どうするつもりなんだ」

といい続けていたのです。

カウンセラーから助言を受けた父親が、初めて子どもの心との隔たりに気づきました。そして、子どもの心をそのままに理解しようと、会話をはじめたのです。子どもも、父親の姿勢が変わったことを感じて、大学に行けなくなったときの気持ちを話しはじめました。父親は、必死になって黙って話を聞きました。そうでないと、

「それくらいのこと、誰でもしていることだろう。どうしてそんなことができないんだ」

「わからないいんだったら、誰かに聞くなり、相談するなりすればいいだろう。どうしてそんなことができないんだ」

などと、思わず叱りつけてしまいそうになるからです。それでも、長く話を聞くと、思わず何かをいいたくなってしまうので、子どもの話を聞くだけにして、少しずつ話を聞くことにしました。それによって、だんだんと子どもの心の奥底にある悩みの元にまでいきつくことができたのです。

父親は、子どもが「何をしたいのかがわからない」ということで悩んでいたと知ったときには、正直いってすぐには信じられませんでした。「自分のしたいことがわからないなんて、あるわけがない。だって、自分のことじゃないか」としか思えませんでした。しかし、ゆっくりと話を聞いていくと、ほんとうに「どうしていいのかわからない」と

いうところで悩み続けていたのです。そして、それを誰に相談することもできず、もちろん自分で解決することもできず、悩み続けていたことがわかったのです。

八年ものあいだ、「どうしていいのかわからない」と悩み続けていた、子どもの心の苦しさを感じたとき、父親は、

「そんなことなら、誰かに相談すれば解決できただろう」

と叱りつける気持ちが起きませんでした。周りの誰にも、心の内の苦しみをわかってもらえず、「そんなことで、どうするんだ」と責められ続けた子どもの気持ちの切なさを感じたからです。そして、「そんなことで、どうするんだ」と責め続けていたのが、ほかならぬ自分自身であったこと

に、身が縮む思いで気がついたからです。そのようにして、子どもの長いあいだの苦しみを、「大変だったな」と素直に心に受けいれることになったのです。

このように、子どもの悩みと苦しみの深さを、そのままに受け止めることが共感です。「そんなことで苦しんでいたのか。それはつらかったね」と、その苦しみを共に感じることが、共感なのです。そのとき、親子の心が一つに繋がるのです。

そのように、親子の心が一つに繋がり、子どもが自分の思いをわかってもらえたと実感したとき、そして、「それはつらかったね」と悩みを認めてもらえたとき、その悩みを抱えたままで生きていける「自己信頼の心」が回復するのです。

四　子どもの存在を受けいれ続ける

子どもが長年抱え続けた苦しみに共感し、親子の心が一つになったとき、子どもは、自分を駄目な人間だと否定することから離れることができるのです。そして、自分の気持ちは、親がわかってくれる心だということで、自己信頼の心が芽生え、悩みを抱えたままの自分を生きていくことができるようになるのです。

ところが、「自己信頼の心」が芽生え、自分を受けいれることができるようになったとしても、すぐに自分が何をしたいのかがわかるようになるわけではありません。悩みや苦しみは、それ以後にも続くのです。ですから、その悩みや苦しみが続くかぎり、その子どもの心に共感し続けることが必要になります。ところが、これがなかなか大変なことなのです。

高校三年生のとき、担任の先生に殴られたことがきっかけになって学校に行かなくなった人がいました。そこで、「大学入学資格検定（大検）」を受けて、大学に行けるようにはなったのですが、どの大学を受けるのかが決まらないまま、十二年がたってしまったのです。子どもは、大学に行くといいますから、毎年どこの大学を受験するのかを話し合うのですが、いざとなるとどこにも願書を出さないことが続いています。

そんなことが続いて、父親はイライラが募ってきて、「どうするつもりだ」と厳しく詰め寄ったりするようになりました。ところがそのたびに、子どもが逆切れして家の中で暴れるようになり、もうきつくいうこともできなくなってしまいました。そして、お互いの存在を気にしながらも、一言も言葉を交わさないような緊張状態が続くことになってしまったのです。

その父親が、カウンセラーを訪れ、

「もう、子どもの顔を見るのもつらい。こんなことなら、子どもがいなかったほうがよかったとさえ思います。どうすればいいのか教えてください」

と、自分自身の悩みを正直に打ち明けました。引きこもりの時間が長くなると、子どもの苦しみに共感し続けることが難しくなってしまうのです。そしてさらに、「いなかったほうがよかった」と、子どもを見捨てるような愚痴が出るまでになってしまうのです。

しかし、このままでは、親が子どもを「生まれてこないほうがよかった」と見捨てることになり、親に見捨てられた子ども自身も「こんな自分は生まれてこなければよかった」と、自分の存在を否定せざるをえなくなってしまいます。父親は、心が弱って愚痴をいっただけと、軽く考えているのかもしれませんが、子どもにとっては、自分の存在がすべて否定されることになり、とても生き続けることができなくなってしまうのです。

ですから、どんなに引きこもりの時間が長くなったとしても、やはり子どもの苦しみに共感し、その心を受けいれて、親子の心を一つに繋ぎ続けなければいけないのです。そして、心を繋ぎ続けるためには、子どもがこの世に誕生したときのことを思い出し、「生まれてきてくれてありがとう」と、心の底から喜んだときの気持ちを思い出し、「どんな生き方をしても、一緒に暮らせて心の底から嬉しい」と、子どもの存在をありのままに受けいれることが必要になるのです。そして、子どものいのちに共感し、心を一つに繋ぐ必要があるのです。

そのように、「一緒に暮らせて心の底から嬉しい」と、子どものいのちに共感することで、子どもの心にも「親の喜びに包まれた、意味のある自分のいのち」という「自己信頼の心」がしっかりと育つのです。

このように、子どものいのちを「一緒にいてくれて嬉しい」と喜びの中で受けいれれば、子どもは自分のいのちを意味のあるものと実感し、「自己信頼の心」をしっかりと育てることができるのです。このように、親子の心が一つに繋がった世界を開けば、引きこもりを克服し、自分らしい人生を開いていくことができるようになるのです。

4 子どもが自分の力で生きていける心を育てる

一 好き嫌いの感覚をしっかりと意識する

引きこもりの人は、自分で自分の人生を作れないのです。自分が何をしたいのかもわからず、周りの人に助けを求めることもできず、独りの世界にこもることが一番いやすいことから、そこから出られなくなってしまっているのです。そのような引きこもりの人でも、自分の苦しみや悲しみをそのままに受けいれてくれる人がいれば、自分の心が誰かと繋がることができれば、自分にも生きる意味があると実感し、「自己信頼の心」を回復して、「ありのままの自分」を生きていく世界が開けるのです。

だからこそ、誰かがその心に共感し「ありのままの心」を受けいれてあげることが必要なのです。両親が共感し受けいれて、親子の心が一つに繋がれば、そこから新しい世界が開けるのです。

しかし、「ありのままに生きられる」とはいっても、「自分が何をしたいのかわからない」という状態のままでは、現実的には生きていくことができません。ですから、ありのままで生きていくために、自分の感性のままに生きていくために、自分の心をしっかりと意識する必要があるのです。

自分の心をしっかりと自分で意識できるようになるために、まず、好き嫌いの感覚をしっかりと自分で意識することからはじめます。

人間が、何かをしたい、何かをしたくないと決める根拠で、一番基本的なものは、自分の心が感じている好き嫌いです。お蕎麦が食べたい、トンカツが食べたいと思うのは、それが好きだからです。マラソンはしたくない、キャンプには行きたくないというのは、それが嫌いだからです。ですから、自分の好き嫌いという感覚が、しっかりと自分で意識できていれば、私たちは多くのことを決めることができるのです。

ところが、「自分が何をしたいのかよくわからない」という引きこもりの人の場合は、自分の好き嫌いの感覚が、自分でしっかりと意識されていないのです。そのために、自分では何も決められないのです。

そこで、好き嫌いが自分で意識されているとはどういうことかを、ここで実感してみ

たいと思います。
今、テーブルの上に、十種類の品物が置いてあります。それは、「イチゴ」「バナナ」「夕張メロン」「カキ」「ドリアン」「キウイ」「スターフルーツ」「ライチ」「トマト」「マスカット」です。それぞれ実際の姿のものの前に、食べやすく切り分けたものが皿にのせられています。その中から三種類だけ食べていいといわれたら、あなたはどうしますか。
私の場合は、まず「夕張メロン」をたっぷり食べます。その後「マスカット」をゆっくり味わいながら食べてから、最後に「イチゴ」を食べられるだけ食べます。あなたなら、何を食べますか。考えてみてください。
何をどのように食べるのかが、短い時間で決まる人は、好き嫌いがしっかりと意識されている人です。しっかりと意識されていないと、どうしていいのか迷って、すぐには決められません。誰かに相談して決めたいという人も出てきます。それに対して、好き嫌いの意識が曖昧《あいまい》な人は、とりあえず食べるという決め方をします。

この「とりあえず食べる」という決め方ですが、私はこれを初めて聞いたときには、心から驚きました。四十二歳の男性で、会社の社長から大勢の社員の前で「仕事のできない駄目なやつ」と叱られたのがきっかけで、うつ病になり会社に行けなくなった人がいました。カウンセリングをすることになり、テストをすると、創造性が極端に低く「何をしたいのかが自分でわからない」人だということがわかりました。そこで、私は、「今日ここに来るときに、着てくる服をどのように選びましたか」と尋ねました。すると男性は、

「母親が用意してくれたものを、そのまま着てきました」

と答えたのです。私は、「なるほどそういう生きかたをしてきたから、こうなったのか」と納得していました。そして続いて、

「飲み物の自動販売機で、二十種類も入れてあるような大型の自動販売機の前で、自分

が飲みたいものを買うとき、どうやって決めますか」

と尋ねました。すると彼は、しばらく考えた後、

「よくわからないから、どれでもいいから、とりあえずボタンを押します」

と答えたのです。私は、「とりあえずボタンを押す」と聞いて、不思議な感じになりました。二十種類もある飲み物の中から、自分の飲みたいものを選ぶのに、「どれでもいいから、とりあえずボタンを押す」という感覚が、まるでわからなかったからです。少なくとも、温かいものか冷たいものかくらいは、絶対に選ぶだろうと思いました。もし、温かいお汁粉なんか出てきたら、それでも黙って飲むのか。いろいろな疑問が、山のように出てきました。これは絶対に聞いてみないといけないと思い、彼に質問してみると、

「特に何を飲みたいということもないから、出てきたものを飲みます」

と、さらりと答えたのです。それを聞いて、私はあらためて、「ほんとうに自分で決められない人がいるんだ」と実感しました。そしてさらに、「決められなくても生きていけるんだ」とも実感しました。

　さきほどの、十種類の物から食べたいものを選ぶというのも、好き嫌いがはっきりと意識されていなくても、「とりあえず目についたものから食べる」という決め方をすれ

ば、三種類を食べることはできるのです。ですから、本人は少しも困らないのです。じつはその、「本人は困らない」というのが大きな問題なのです。困らないから、何とかしなければという気にもならず、ずっとそのままにしてしまうからです。

しかし、それでは、けっして自分で決めたことにはなりません。ですから、自分で決断するためには、やはり自分の好き嫌いを意識するということが必要になるのです。好き嫌いが意識できれば、それを根拠に決めることができ、「とりあえずボタンを押す」とか「とりあえず目についたものから食べる」という状況から抜け出すことができるのです。

二　体を使った経験と実感を増やす

「イチゴ」「バナナ」「夕張メロン」「カキ」「ドリアン」「キウイ」「スターフルーツ」「ライチ」「トマト」「マスカット」の十種類の物の中から、三種類だけ食べていいといわれたとき、私の場合は、まず「夕張メロン」をたっぷり食べ、その後「マスカット」をゆっくり味わいながら食べてから、最後に「イチゴ」を食べられるだけ食べます。

このように決断できるのは、自分の好き嫌いの感覚がしっかりと意識されているからです。「トマトよりイチゴが好き。イチゴより夕張メロンが断然好き」というように、好き嫌いの順序が即座に心に浮かびますから、それに従って決めることができるのです。

もちろん、値段が高いとか、珍しいものということも、食べる順序を決める根拠になります。それらも、しっかりと意識されていれば、それらをすべて含めて、決断することができます。ですから、とにかく、いろいろなことをしっかりと自分で意識するということが、決断するための根拠を作るということになるのです。

ところが、私の場合、判断できないものがいくつかあるのです。それは、「ドリアン」と「スターフルーツ」です。なぜかというと、その二つは今まで食べたことがないからです。どんな味がするのかわかりませんから、好き嫌いを判断することができません。ですから、最初から選ぶ中からはずして考えていました。

このように、食べたことがなくて、好き嫌いがわからないものは、判断できません。

私の場合は、十種類の内の二種類だけが未経験でした。ですから、食べる三種類を選ぶときに、それほど困ることはありませんでした。しかし、食べたことのないものが八種類もあったら、決めることはできなくなってしまうでしょう。ですから、好き嫌いを意識するためには、まず経験するということが必要なのです。経験が多ければ多いだけ、それをしっかりと意識すればするだけ、そしてそれが心に深く実感されればされるだけ、決断の根拠が増え、しかも明確になるということなのです。

それに対して、経験が少なく実感が薄い場合には、決断の根拠は少ししかできません。引きこもりの人は、周りの人との交流も少なく、自分の世界を広げることも嫌いですから、かなり狭い世界に生きていて、経験が少ないのです。テレビや本を読んでいれば、知識や情報は増やせます。しかしそれでは、自分の体を使った経験にはならず、五感に残る実感にはならないのです。そのような、自分の感覚を刺激しない知識や情報が増えても、十種の物の中から三種を選ぶということはできません。

「そんなことはないですよ。テレビの食べもの番組を見ていると、そこに出てきたものが食べたくなって、翌日食べたりしますよ。だから、テレビを見ているだけでも、あれが食べたいという気持ちが湧くし、好き嫌いの感覚が育つということがあるのではないですか」

このようにいわれた人がいました。しかしこれは、先に経験と実感があって、その経験と実感に照らし合わせて、「あれを食べたい」という意欲が湧くということなのです。

ところが、引きこもりの人は、もともとの経験が少ないのです。ですから、そのままでテレビや本を読んだりしても、好き嫌いの感覚が育つということはないのです。ですから、まず経験を少しでも増やし、実感を豊かにすることによって、判断し決断できる心を育てることが何よりも大切なことになるのです。

三　食べ物で好き嫌いの感覚を育てる

経験を増やし、好き嫌いの感覚を育てることが大切だといっても、自分の部屋に引きこもって食事も自分の部屋で取り、親子の会話もないという状態では、経験を増やすということもできません。ですから、できるだけ早く、子どもの心に共感し、その心を受けいれて、親子の心を一つに結び、普通の会話ができ、普通の生活ができるようにしなければならないのです。心が一つに結ばれてから、社会へ出て行くための心を育てるということがはじまるのです。

体を使った経験を増やすときに、一番手近なものは食べ物です。ですから、食べ物を使って、経験を増やしていきましょう。これであれば、特にどこかに出かける必要もないし、嫌がる子どもに何かを無理にさせる必要もありません。
最初は、イチゴのショートケーキと栗のモンブランのケーキを食べて、どちらが好きかと聞いてみるところからはじめます。次に、板チョコとバタークッキーを食べて、どちらが好きかを聞いてみます。このように、具体的に何かを食べて、どちらが好きかを話すということを繰り返していきます。

実際に二つの物を食べて、どちらをよりおいしいと感じるかは、わりとわかりやすいことです。ですから、気楽にはじめられると思います。ただ、どちらを好きといっても、「そうなんだ」「そうなんだね」と、子どもはそのように感じていると素直に受け止めてください。間違っても「お母さんは、こっちのほうが好き」と自分の意見をいったり、「へー、そっちが好きなんだ。変わってるね」などと反論したりしないでください。

ここでしようとしていることは、子どもの心の中に、何が好きで何が嫌いかという感覚があることを確認することで、それを子どもがしっかりと意識することです。そしてさらに、それは皆の心と繋がる感覚だと自信を持ってもらうことが目的なのです。ですから、すべてに共感し「そうなんだ」と受けいれてください。そして、いろいろなものを食べ比べて、どちらが好きかを素早く答えられるようになるまで続けてください。

好き嫌いがしっかりといえるようになったら、次は、同じ銘柄のインスタントの味噌ラーメンと塩ラーメンを食べて、どちらが好きかを聞いてみます。そして、「塩ラーメンが好き」と答えたら、どうして味噌ラーメンより塩ラーメンのほうが好きなのか、その理由を聞いてください。次には、海鮮あんかけチャーハンとオムライスを食べて、どちらが好きでその理由は何かを聞いてください。好き嫌いの感じだけではなく、好き嫌いの理由がいえるためには、食べた物を自分の心がどのように感じているのかをしっかりと意識できていないといえません。ですから、理由までしっかりいえるというのは、それだけしっかりと味を感じているということです。じつは、これはなかなか高度なことです。ですから、すぐにいえるようにはならないかもしれませんが、焦らないで続けてください。

そしてもちろん、すべてを「そうなんだ」と、子どもの素直な感じとして受け止め続けてください。

この段階がすんだら、次はカレーライスを食べて、おいしかったかどうか、その理由は何かを聞いてください。次には、ハンバーグを食べて、おいしかったかどうか、その理由は何かを聞いてください。

二つの物を食べ比べて、どちらが好きかをいうことより、このように、一つの物を食べて、それをどう感じたかをいうことは、かなり難しいことです。ですから、これが素直にいえるというのは、自分の心が好き嫌いをしっかりと感じているということであり、さらにその自分の感覚がしっかりと意識されているということなのです。

このように、食べた物の好き嫌いをしっかりと自分の心で感じて、さらに意識化する作業を続けていきましょう。そして、

「今日のカレーは、辛くはないけど、香辛料の刺激がさわやかで、とってもおいしかった」

と、しっかりと感想がいえるようになれば大成功です。このように、自分の好き嫌いがはっきりとしてくると、しだいに自分の好きなものが食べたくなってきます。それで、

「この前作ってもらった、親子丼がとってもおいしかったから、また作ってほしい」

と、あれが食べたいという意欲が出てくるようになったら卒業です。卒業祝いに、どこかのレストランに出かけて、とびっきりおいしいものをご馳走してあげましょう。それを、「とってもおいしかった」と素直に喜べば、さらに、「こんなところが好きだった」と自分の感想がしっかりといえれば、もうほんとうに卒業です。

四　親子の会話が心を育てる

食べ物を使って好き嫌いの感覚を意識し、それをはっきりといえるようにするための手順を説明してきました。しかし、考えてみれば、これは元気で気兼ねなくものがいえる家庭であれば、毎日されている会話なのです。ですから、特別な療法やユニークな方法ということではないのです。

たとえば、

「お母さん、今日の晩御飯なーに」

「エビフライとカキフライよ」

「わー、すごーい、大好物ばっかり。うれしーい」

こんな会話は、それほど珍しくありません。また、

「今日の晩御飯は、サバの味噌煮よ」

「やだ。魚なんか嫌だよ。お肉にしてよ、お肉に」

「なに勝手なこといってるのよ。お魚も食べなきゃいけないの」

「わかったよ、でも、明日はハンバーグにしてよ」

「じゃあ、明日はハンバーグにしてあげる」

「ありがとう」

こんな会話も、よくされているでしょう。また、

「お母さん、このブドウどうしたの」

「お土産でもらったの。ベリーAという品種だって」

「そうなの、わー、甘い、すごく甘い」

「ほんとだ、おいしいわね」

こんな会話もよくされているでしょう。

普通は、「あれがおいしい」「これが好き」「珍しい物食べた」「おいしい物って、いっぱいあるんだね」と、家族でいいあう中で、自分の好き嫌いもしっかりと意識するようになり、さらには、新しい物、珍しい物を取り込んで、自分の経験を増やしていくということもされているのです。ですから、ことさらに「好き嫌いを意識する」ということなど、考える必要がないのです。

ところが、引きこもりの人は、家族のあいだの会話も少なく、また、新しい物、珍し

い物を自分の世界に取り込むこともしないで育ってきたのです。そのために、自分の好き嫌いを意識することができなくなってしまったのです。

十五歳の引きこもりの子を持つ母親が、晩御飯の様子を聞かせてくれました。これまでの一年間は自分の部屋でしか食事を取らなかった子どもが、やっと家族と一緒にご飯を食べるようになって、少しほっとしているということでした。家族は四人ですが、父親は仕事で遅くなり、晩御飯は母親と引きこもりの兄と三歳年下の妹の三人で取ります。母親と妹とは、普通の会話がされるのです。「今日の八宝菜はおいしい」とか、「お魚の骨、きれいに取れるようになったよ」などといいますから、母親も「ちょっと味付けに工夫したのよ」とか、「ほんと上手になってよかったね。きれいに食べられると、男の子にもてるよ」と、にぎやかに話しているのです。ところが、兄はただ黙って食べるだけで、二人の会話を聞いている様子もありません。そして、食べ終わったら、「おいしかった」も「まずかった」も「ごちそうさま」もなく、黙って席を立って自分の部屋に戻っていくのです。こんな食事が、考えてみたら、幼稚園のころから十年近く続いていたのです。こんな生活を続けていたのですから、自分の好き嫌いも意識できなくなり、「何をしたいのかもわからない」ということになってしまっていたのです。

ですから、子どもの心を育てるのは、親子で交わされる会話なのです。気をつかうことなく話ができ、しかもそれが素直に受け止められて心が繋がると、心に喜びが生まれてきます。その喜びが、会話を楽しいものに変えていくのです。ですから、にぎやかな親子の会話ができるようになれば、それだけで子どもの心に喜びが生まれ、心を元気にしていくのです。だからこそ、一日も早く、子どもの心に共感して、親子の心を一つに繋げ、こだわりなく、そしてにぎやかに会話ができる状態を作る必要があるのです。

五　ありのままをしっかりと意識する

食べ物を使って、自分の好き嫌いがしっかりと意識できるようになると、「あれが食べたい」「これは嫌い」ということがはっきりとしてきます。そして、その自分の感性が、家族に受けいれてもらえるものだとわかると、「自己信頼の心」が回復し、安心して自分の心を表に出すことができるようになります。そのようにして、自分の心のままに判断し、決断をしながら生きられる世界が広がっていくのです。

このように自分の心のままに生きられるようになり、元気になってくると、「あれがしたい」「これをやってみたい」と、何かをしたいという意欲が出てくるようになります。このように、生きる意欲が出てくれれば、社会へ出て行く日も近づきます。

たしかに、元気な子どもであれば、生きる意欲があれば、それを見守っているだけで、自然に社会へ出て行くことになります。ところが、引きこもりの人は、「他人と交流すること、会話することが極端に嫌い」という特徴を持っていますから、家庭の中で元気になったとしても、外に出て人に会うことがすぐにできるかどうかがわからないのです。

また、「他人と交流すること、会話することが極端に嫌い」という特徴があるとはいっても、人によってこだわるところが随分と違います。たとえば、

「外に出て、人が二、三人で立ち話をしているのを見ると、自分の悪口をいっているように感じて、すぐに家に戻ってしまう」

といった人がいました。このように、極端に人を恐れる気持ちがあると、外に出ることが難しくなります。ですから、デパートなどの人の大勢いるようなところに行くことは、絶対にできません。

また、

「外に出て、独りで何かをすることはできるけれど、人と話をすると緊張するので、出

たくない」

という人がいました。このような場合は、散歩に行ったり、図書館で自習をすることなどはできますが、買い物はできません。コンビニなら、話をしなくても買い物ができそうですが、何かをいわれると答えなければなりませんから、そんな危険を冒すことはできません。ですから、自動販売機でしか、安心して買い物ができません。

また、

「外に出るのもできるし、買い物もできる。しかし、知り合いの人に出会って『このごろどうしてるの、元気なの』などと聞かれると、それにどう答えていいのかわからず、黙ってしまう。すると、変に思われてしまうので、それが嫌だ」

といった人がいます。この人の場合は、自分の世界に入り込まれるのが嫌なのです。ですからこの人は、知り合いに会うことがないように、夜になってから外に出ていました。

このように、それぞれ、こだわるところが違うのです。ですから、それぞれ、自分には何ができて何ができないのかを、しっかりと意識することが必要になるのです。そして、それを周りの家族も共感して、「そうなんだ」「そうなのか」と受けいれる必要があるのです。

このようにして、それぞれに自分のありのままの姿を見つけていくのです。

ある二十五歳の男性は、家族とは会話ができ、家の中でなら掃除も食事作りもできるということです。ところが、家の外に出るのは緊張するということで、買い物に行くことはできません。それで、買い物を家族に頼んで、家事の一切を引き受けています。これが、三年間続いています。

また、二十八歳の女性は、知り合いの会社で、毎日三時間の事務仕事のアルバイトをしています。しかし、会話はあいさつ程度しかできません。家に帰っても、独りで過ごすことが多く、家族ともあまり話をしません。家事を手伝ったりすることもなく、家族でどこかに出かけるということも、めったにしません。ただ、自分でほしいものがあるときには、自分で買い物に行きます。こんな生活が、六年間続いています。

このように、それぞれに、できることとできないことをはっきりと意識して、言い換えれば、やりたいことだけをして、嫌なことは一切しないと決めて、自分の心が一番落ちつく在り方を見つけるのです。これが、自分にとってのありのままの姿を意識するということです。

ここで大切なことは、本人も家族も、「それしかできないのなら、それで仕方がない」と諦めるのではいけないということです。

「自分にとってのありのままの姿を意識する」というのは、本人の立場からいえば、「これなら、心穏やかに生きていける」という姿を見つけるということです。それまでは、「こんな自分では生きていても仕方がない。生まれてこなかったほうがよかった」と、自分の存在を自己否定していたのです。状況はそのときとそれほど変わらないのですが、家族に受けいれてもらうことによって、「自己信頼の心」が回復して、「これなら生きていける」という自分を見つけることによって、さらに「これなら生きていってもいい」という前向きな自分になり、さらに「こんな自分だけど、精一杯生きていこう」と、生まれてきたことを「良かった」と受け止める心を回復することになるのです。

このように、ありのままの自分を受け止めることによって、「自分なりの人生を生きていこう」という基礎ができ、それを基にして自分なりの人生を築いていくことができるようになるのです。

ですから、家族も、「それしかできないのなら、それでも仕方がない」と受け止めるのではなく、

「あんなに、どうしていいのかわからないと苦しんでいた子が、穏やかに生きていく道

を見つけることができて良かった」と、そのありのままの姿を受けいれることが必要なのです。そのような家族の受けいれがなければ、せっかく回復してきた「自己信頼の心」がまたしぼんでいってしまいます。「自己信頼の心」は、周りの人に自分の心を共感して受け止めてもらえることで、はじめて成り立つ心なのです。ですから、子どもの心を「一緒に暮らせて心の底から嬉しい」といういのちへの共感で包み込み、子どもの心に「自己信頼の心」がしっかりと定着し、自分の人生を肯定的にとらえる心が揺るがなくなるまで、受けいれ続けることが大切なのです。

5 ありのままの自分を生かす世界を構築する

一 生活できる道を見つける

「これなら生きていってもいい」と、前向きに生きていける自分を見つけたら、それをしっかりと生きて、「ほんとに、これなら大丈夫、生きていける」という心にまで育てていく必要があります。そのために、家族との会話を活発に保ちましょう。

引きこもりの人は、「他人と交流すること、会話することが極端に嫌い」という特徴を持っているのです。これは、前向きな自分を見つけたとしても、変わることがありません。ですから、独りになりたいという思いは強く、家族と話すのも面倒と思う気持ちは消えません。その思いに従って、独りの生活に戻って生活を平板にしてしまうと、好き嫌いの感情もしだいに曖昧になり、自分で判断することも難しくなってしまいます。ですから、家族との会話は、意識して増やしていかなければいけないのです。そして、自分の思いを、自由にそして気楽に出せる世界を確保していけば、そしてそれを「これなら楽に生きられる」と感じ続ければ、心はますます元気になっていくことでしょう。

心が元気になり、自分の人生を前向きにとらえることができ、家の中で元気にいられるようになったとしても、それだけでは、世間から社会人として認められるわけではありません。ですから、次に、社会で生きていくためにどうするかということを考えなければなりません。自分の生活費を自分で稼ぎ、自分の人生を自分で開いていくために、どのようにすればいいのかを考えなければなりません。

一般的には、元気になったら、他人とも話ができるようになって、軽いアルバイトからはじめて社会復帰の練習をし、ゆくゆくは就職をして、結婚をして家族を持って、人並みの人生を送ってほしいと考えます。しかし、引きこもりの人にとっては、この人並みの人生というのが、かなり高いハードルなのです。ですから、もう一度、自分にできることとできないことを真剣に考えて、その「ありのままの自分」がどのように社会の中で生きていくのかを考える必要があるのです。

ある人は、外に出ることができませんでした。でも、ビーズ編みが大好きで、それに打ちこんでいたために、かなり立派なものを作ることができるようになりました。それで、お姉さんがホームページを開き、インターネットで販売できるようにしてくれました。そのお陰で、家にいて好きなビーズ編みをしながら、そこそこの収入を得ることができるようになりました。

またある人は、外に出ることはできるけれど、他人と会話をすることができません。そこで、話をしなくてもいい、深夜のごみ収集をしようということで、トラックの運転ができるように運転免許を取りました。仕事は夜の十時から朝の四時までの六時間、独りでトラックを走らせ、契約している会社や事務所やマンションのごみを集めて、ごみ収集所に運ぶ仕事です。ですから、ほとんど人と話す必要がありません。夜の仕事をしていますから、昼間外に出なくても、近所の人に堂々と説明できます。

またある人は、新作ゲームのプログラムのバグ取りの仕事を、自宅でするようになりました。またある人は、新製品のモニターになり、その感想をメールで送るという仕事を見つけました。

このように、今の時代、自宅でできる仕事もそこそこあり、人と話をしなくてもできる仕事もそこそこあるのです。ですから、「ありのままの自分」が、社会の中で生きていく方法を真剣に探せば、何かを見つけることができるでしょう。そうすれば、他人に頼ることなく、現実に生活していける道を見つけ、自分にあった自分らしい人生を開いていくことができるのです。

このように、現実的に生きられる世界を開いていくとき、もっとも大切なことは、「これなら生きていける」と心が納得する道を見つけるということです。それが結果的にどのような道であっても、そのように思える生き方が「ありのままの自分」に一番相性のいい世界なのです。ですから、そのような世界を真剣に探し、その世界をしっかりと生きて、

「心穏やかに生きられる世界が自分にもあった。この世の中に、こんな世界があるということは、自分には生きる意味があったということだ」

と、「自己信頼の心」をしっかりと心に刻みつけることが大切なのです。

ですから、家族も、

「死んだ方がましだとまで考えて苦しんでいた子が、生きていける世界を自分なりに見つけられてよかった」

「自分のいのちを、前向きに生きられるようになって、ほっとした」

というように、子どもの心が苦しみを抜け出したことに共感し、ありのままの姿を受け

止め続けることが大切なのです。まかり間違っても、

「こんな生き方しかできない子どもに育てたなんて、ご先祖様に顔向けできない」

「世間様のお世話になって生きるなんて、気兼ねで申し訳ない」

「せめて人並みの生き方ができないものか」

こんな気持ちは絶対に持たないでください。


「自分のいのちを、前向きに生きられるようになって、ほっとした」という家族の共感の心に包まれなければ、子どもの心に「自己信頼の心」は回復しないのです。ですから、「そんなことで一人前になったつもりか」と、一言批判されただけでも、「やっぱり自分は駄目な子だ」と、自己否定の世界に閉じこもり、抜け出す手掛かりがないままに苦しみ続けなければならなくなってしまうのです。ですから、どのようなことになっても、「ありのままの姿」を受けいれ続けることが大切なのです。

二　子どもの生き方を受けいれ続ける「いのちへの共感」

引きこもりを克服するためにもっとも大切なことは、引きこもりの人が自分一人の力

で生活できる道を見つけることです。現代では、いろいろな仕事があり、人と交流することが苦手な人でもできる仕事が多くあります。また、インターネットも発達していますから、自宅から出ないで生活する道もあるようになりました。その意味では、元気な心を取り戻せば、何とか人生を開いていくことができる時代になっているのです。

ところが、そのように、現実的には人生を開くことができるにもかかわらず、

「ちゃんとした仕事に就いて、将来的に安定してほしい」

「結婚しなかったら、歳を取ってから困るだろう」

というような、子どもの幸せを願う親の心が、独り立ちのさまたげになり、さらに、

「人並みの人生を送ってほしい」

「親が生きているうちに、孫の顔を見せてほしい。それが一番の親孝行だ」

というような、親の願いもさまたげになるのです。

親にしてみれば、それらはごく普通の願いだと思っていますから、子どもが元気になり、仕事ができるようになると、このような願いをそれとなくかけることになってしまうのです。

さらに、世間の目は、もっと厳しくなります。

「そんなわけのわからない仕事をしているのか。やっぱり駄目だな」

「いつまでたっても、中途半端な生き方しかできないのか」

というように、批判的なまなざしを向けることとまであります。

このような、親の願いや世間の批判に出会うと、引きこもりの人はたじろいでしまいます。そして、

「こんな自分では駄目だ、もっとしっかりしなくては」

「そんなことは、自分にはとてもできない、やっぱり死んだほうがましだ」

と、またまた自己否定の世界に落ちこんでいってしまうのです。

このように、親の願いや世間の目が、引きこも

りの人の独り立ちをつぶしてしまうということがあるのです。ですから、家族は、引きこもりの人に夢や願いをかけるのではなく、「共に生きていることが喜びである」という「いのちへの共感」を保ち続ける必要があるのです。

独り立ちして、社会の中で生きられるようになったとしても、結婚して家族を作るということはできないかもしれません。家にいて収入の道を得たとしても、普通に外に出てご近所付きあいができないままかもしれません。どのような形であっても、それが本人にとって、「これなら生きていける」という生き方であるのなら、それを受けいれて、「穏やかに生きられる世界が見つかって良かったね」と、共に喜ぶ共感の心で包みこむことが必要なのです。

ところが、共感で包むことが必要なのはわかっていても、それを実現するのは、かなり難しいことでもあるのです。

小学校五年生のときにいじめられたのがきっかけになり、学校に行けなくなった男の子がいました。それでも、中学校は卒業することができましたが、問題は高校です。受験するような学力はありませんから、遠く離れた全寮制で単位制の学校に行くことになりました。ところが、一か月ともたずにすぐに帰ってきてしまいました。無理矢理に連れて行くわけにもいかず、しばらくしてから、また新しい単位制の学校を見つけて送り出しました。ところがやっぱり三か月たって帰ってきてしまいました。

そのようなことを何度も繰り返しながら、とにかく単位を満たして、大学受験の資格を取得し、地元の大学に無試験で入学できるところを見つけて、一応の決着がつきました。

この子を大学に入れるまで、母親が一番苦労したのは、母親の実の父親の口出しだったのです。中学校を卒業するまでも、「どうしてこんなことになった」「親の責任だ、ちゃんとしろ」と、何度も何度も責められました。たしかに、学校に行けないような子どもに育てたのは親の責任ですから、口答えもできず黙って耐えました。

ところが、高校生になって、単位制の学校から逃げ帰ってきたときには、

「そんな根性では、どうしようもない。もう学校なんか行かなくてもいいから。農家の手伝いでもなんでも、とにかく働かせろ」

と、しつこく口出しをしてきたのです。「働きに出ることなんか、今の子どもにはとても無理だ」と説得しようとしましたが、

「それなら、俺が直接子どもにいい聞かせてやる。俺が働き口を世話してやる」

といって、自分の思い通りに事を進めようとするのです。

母親は、自分の父親を必死になだめて、子どもを守りました。しかし、子どもが何度も学校から逃げ帰ってきましたから、そのたびに父親の圧力は大きくなり、最後には、

「お前たちに任せておいたら、大事な孫の将来が無茶苦茶になる。これからは俺がちゃんと働かせて、一人前の根性のある人間にしてやる」

と、実家に連れて帰りそうにまでなったのです。そこで母親は、

「もう口出ししないで。私たちでちゃんとするから。もう来ないで」

と、絶縁宣言をせざるをえませんでした。

親戚や世間からの「人並みに生きろ」という圧力は、当事者でなければわからないほど強いものです。それをはねのけて、子どもを守るためには、全身の力を振り絞ってもまだたりないほどのエネルギーを必要とします。この母親もへとへとになったはてに、

「子どもさえ、普通に学校に行ってくれれば、こんな苦労をしなくてもすむのに」

と、子どもを責めるような愚痴をこぼしてしまいました。

子どもを責めてはいけない、「ありのまま」を受けいれなければならないということは、よくわかっているのです。子どもを責めても、おだてても、絶対に事態が改善しない

ことは、今までの経験で骨身にしみてわかっているのです。だからこそ、世間の圧力をはね返して、子どもを守ろうとするのですが、それに疲れはててしまうと、子どもを責めるような愚痴が、やっぱり出てしまうのです。

さらに、子どもは、大学を出ても就職はできませんでした。それでも、ビル掃除のアルバイトをすることはできました。毎日決まった時間に出て、決まった時間に帰ってきて、仕事もそれなりにできているようなので、母親は一安心することができました。

ところが、そのアルバイトの仕事が三年も続くようになると、母親自身が、

「こんなことをいつまで続ける気なのかしら。もうそろそろ、ちゃんとした仕事をして、お嫁さんをもらう気はないのかしら」

と、心配しはじめたのです。このころになると、実の父親とは絶縁状態で、しかも歳を取ってきたので、もう口出しするようなことはありませんでした。しかし、今度は、母親自身が、「このままにしておいたら、将来が心配でたまらない。何とかしなければ」と、心配のあまり子どもを自分の思いにかなうように動かそうとしはじめたのです。そして、

「何をしてもいいけど、将来のことどう考えているの。私たちも、いつまでも若くない

んだから、親を頼って生きていくのは無理なのよ。そこんとこ、ちゃんとわかっているの」

と、面と向かって子どもに説教することになってしまいました。

このように、引きこもりの人を、「ありのまま」で受けいれ続けるというのは、ほんとうに難しいことなのです。だからこそ、「共に生きていることが喜びである」という「いのちへの共感」に、常に立ち返る必要があるのです。そして、穏やかに生きられる世界を見つけるのが、子どもにとって一番の幸せであるという原点に立ち続けることによって、自分の思いを超えることが必要になるのです。

三　善悪を評価する心を離れて「ありのまま」を生きる世界へ

引きこもりの人を「ありのまま」で受けいれ続けるのは、家族にとっては大変なことです。「こんな人生を送ってほしい」「あんな生き方では駄目だ」というような、善悪を評価する心を残していては、とても受けいれ続けることはできません。ですから、生きているいのちそのものに共感し、「共に生きていることが喜びである」という世界を回復しなければならないのです。

　引きこもりを克服するためにもっとも重要なことは、「いのちへの共感」によって、「自己信頼の心」を回復することなのです。ところが、引きこもりの人自身は、生きづらさを内に抱えているために、家族に「ありのまま」を受けいれてもらっても、「生きることが当然」という世界をすぐには回復できません。

　引きこもりの人にとっては、生きていること自体が苦しいのです。家族が「外に出られないのなら、家の中にずっといていいよ」と受けいれてくれたとしても、それで穏やかな心でいられるようになるわけではありません。

「人並みのことができないなんて、情けない」

「こんなことをしているのを、みんなは馬鹿にしているに違いない」

というように、自分のふがいなさを自分で責め続けているのです。そして、それが長く続くと、ついには、

「こんな生き方を続けることには意味がない」

「こんなことなら死んだほうがましだ」

と、自分のいのちを自分で投げ出してしまうことにもなるのです。

このような、引きこもりの人自身の「自己否定の心」を翻《ひるがえ》して、「これなら生きていける」と、自分の「ありのまま」を受けいれる心に変えていかなければ、引きこもりを克服することはできません。ですから、引きこもりの人自身が、自己否定の心を翻し、善悪を評価する心を超えて、「ありのまま」を受けいれる世界を開く必要があるのです。

しかし、誰が見ても良い生き方とは思えず、本人自身も「このままでは絶対に良くない」と感じている引きこもりという現実を前にして、どのようにすれば善悪を評価する心を超えることができるのでしょう。

親鸞聖人は、『歎異抄《たんにしょう》』「後序《ごじょ》」で、

善悪のふたつ総じてもって存知《ぞんじ》せざるなり。そのゆえは、如来《にょらい》の御《おん》こころによしとおぼしめすほどにしりとおしたらばこそ、よきをしりたるにてもあらめ、如来《にょらい》のあしとおぼしめすほどにしりとおしたらばこそ、あしさをしりたるにてもあらめど、

（『真宗聖典』〈以降、聖典〉、東本願寺出版部、六四〇頁）

といわれています。

真実の智慧を持たれた仏であるからこそ、何が善《よ》くて何が悪いのかがおわかりになるのです。私たち人間は、真実の智慧を持たないのですから、何が善だ何が悪だといって

も、しょせんいい加減なことで、根拠があるわけではないといわれます。このように、親鸞聖人は、善悪の判断にこだわる心を捨てろと説かれているのです。

そのように、善悪を評価する心を捨てることができるのは、

弥陀《みだ》の五劫思惟《ごこうしゆい》の願《がん》をよくよく案ずれば、ひとえに親鸞一人《しんらんいちにん》がためなりけり。されば、そくばくの業《ごう》をもちける身にてありけるを、たすけんとおぼしめしたちける本願のかたじけなさよ

（『歎異抄』「後序」聖典六四〇頁）

といわれるように、「ありのまま」の自分が、そのまま阿弥陀如来の大慈悲に受けいれられているという実感があるからなのです。

蓮如上人は、『御文《おふみ》』第一帖第三通に、

当流の安心《あんじん》のおもむきは、あながちに、わがこころのわろきをも、また、妄念妄執《もうねんもうしゅう》のこころのおこるをも、とどめよというにもあらず。ただあきないをもし、奉公《ほうこう》をもせよ、猟《りょう》、すなどりをもせよ、かかるあさましき罪業《ざいごう》にのみ、朝夕《ちょうせき》まどいぬるわれらごときのいたずらものを、たすけんとちかいましまする弥陀如来《みだにょらい》の本願にてましますぞとふかく信じて、

（聖典七六二頁）

と説かれています。

蓮如上人は、「わがこころのわろきをも、また、妄念妄執のこころのおこるをも、とどめよというにもあらず」といわれています。今の自分の心を良きものにしようとしなくていいといわれるのです。さらに、「ただあきないをもし、奉公をもせよ、猟、すなどりをもせよ」といわれるように、どのような仕事をしてもいいといわれるのです。

そのように、自分の今の在り方にこだわることなく、「ありのまま」を受けいれることができるのは、

われらごときのいたずらものを、たすけんとちかいまします弥陀如来の本願にてましますぞとふかく信じて、

といわれるように、阿弥陀如来の大慈悲に自分の「ありのまま」が受けいれられていると「ふかく

信じる」ことができたからです。

このように、今の自分の「ありのまま」を、無条件で受けいれるためには、善悪を評価する心を超え、どのような職業についているのかも問題にしない世界に触れることができればいいのです。逆にいえば、今の自分が絶対平等の世界に包まれているという実感を持てなければ、「ありのまま」を受けいれることはできないということです。

親鸞聖人は、阿弥陀仏の大慈悲に摂取不捨《せっしゅふしゃ》されているという実感の中で、罪業深重《ざいごうじんじゅう》の凡夫《ぼんぶ》が、凡夫のままで生きていける道を開かれたのです。凡夫が凡夫のままで摂取されているという実感の中で、自分の感性のままに生きられる「自己信頼の心」を回復され、「ありのまま」を精一杯生きていくという世界を開かれたのです。

これと同じように、引きこもりの人も、深刻な自己否定を克服するためには、無条件の受容を実感する必要があるのです。それがなければ、「こんなことなら死んだほうがましだ」という状況を受けいれることはできません。さらに、元気になっても、「こんな生き方しかできないなんて、情けない」としか思えない自分を受けいれることはできないのです。

ですから、家族は、覚悟を決めて、無条件の受容でわが子を包む必要があるのです。

しかし、やはり人間ですから、阿弥陀如来と同じ大慈悲で包むことはできません。ですから、阿弥陀如来と同じようには包めないということを意識しながら、できるかぎりの精一杯の心で包みましょう。その精一杯の心が、子どもに伝わるのです。

しかし、引きこもりの人の人生を「ありのまま」で受けいれ続けることは至難の業《わざ》ですから、現実的には、家族といえども受けいれ続けることができないこともあります。そのときには、

善悪のふたつ総じてもって存知《ぞんじ》せざるなり。（『歎異抄』「後序」聖典六四〇頁）

と親鸞聖人が説かれた、善悪の分別《ふんべつ》を超えた世界に心をかけてください。そして、どのような生き方をしていても「ありのまま」で受けいれられる世界を、親鸞聖人が説いておられることを思い出してください。その世界を実感すれば、子どもも「ありのまま」を生きることができるようになるのです。言葉を換えれば、どのような在り方をしている人間であっても、自分の「ありのまま」を受けいれれば、必ず前向きに生きていける世界が開かれるということです。だからこそ、自分の「ありのまま」の姿を常に意識しながら、自分にできることを精一杯に生きていけば、必ず「自己否定の心」を克服し、心穏やかに生きていくことのできる世界が開かれるのです。

親にとっては、この世の中にいのちを与えた我が子が、「生まれてこなければよかった」と自己否定の世界にいることほど悲しいことはないでしょう。それと反対に、どのような生き方をしたとしても、「生まれてきたいのちを精一杯生きていこう」と、いのちを前向きにとらえてくれれば、肩の荷をおろしたような嬉しさを感じます。だからこそ、子どもが心穏やかに生きていくことのできる世界を開くことが、親にとっての一番のつとめなのです。

どれほどつらくても、どれほど時間がかかっても、子どもを見離すことなく、「心安らかに生きてほしい」と心に思い続け、ありのままを受けいれ続ければ、必ずその心は子どもに届くのです。そして、子どもを前向きに生きていける、元気な姿に変えることができるのです。

あとがき

生きる意欲を持たず、何をしたいのかもわからないといって、五年も十年も家に引きこもったままの人が、社会に復帰するためには何が必要なのかを探し続けてきました。そして遂に見つけたのが、「受容的に包まれる環境」と本人の「好き嫌いの感情」でした。

不登校の人のカウンセリングでは、「受容的に包まれる環境」を整えることが重要でした。受容的に包まれることで心が安らかになり、それによって心にエネルギーがたまれば、前向きに立ち上がっていくことができたからです。ところが、引きこもりの場合は、「受容的に包まれる環境」だけでは、立ち上がることができなかったのです。なぜなら、心が安らかになったとしても「自分が何をしたいのかわからない」ということで、身を動かすことができなかったからです。だからこそ、「自分の心の中の好き嫌いの感情」を、しっかりと意識する必要があったのです。

これは、驚くべき事態です。人間は生まれてからずっと、「好き嫌いの感情」と共に生きているはずなのです。赤ん坊でも好きなものは「もっと食べたい」といい、嫌いなものは食べようとしません。ですから、「好き嫌いの感情」は、人間ならあるのが当然と誰もが考えていたのです。ところが、引きこもりの人は、それが曖昧だったために、いつまでたっても自分の足で立ち上がることができなかったのです。

自分の力で自分の人生を開けない人が、どのようにすれば前向きに生きていけるようになるのかというのは、まさに浄土教の課題でもあります。ですから、より深く人間の立ち上がりについて知りたい人は、『私でも他力信心は得られますか?』(法藏館)をお読みください。また近く出版される、『うつにならないための法話』も合わせてお読みいただければ、人間が前向きに生きることの原点を、より深く理解できると思います。

最後に、本書の出版を実現してくださった、法藏館社長、西村明高氏に心からお礼申し上げます。またさらに、原稿執筆段階から数多くの助言をいただいた編集部の満田みすず氏に、心から感謝申し上げます。

二〇一五年八月八日

和田真雄

和田真雄（わだ　しんゆう）

1953年、岐阜県に生まれる。1975年、信州大学人文学部卒業。1980年、大谷大学大学院博士課程満期退学。1982年、大谷大学特別研究員修了。2004年、名古屋大学大学院研究生修了。

1989年にカップルカウンセリングを設立し、家族の人間関係を調整するカウンセリング活動をはじめる。2002年、有限会社和田企画を設立。社会生活に不可欠なコミュニケーション力を指数化する心理テスト「ACS」を独自に開発し、一人ひとりの個性や組織の人間関係分析をもとにした人材育成、人材教育をはじめる。2012年、一般社団法人コミュニケーション・クオーシェント協会を設立し、結婚・家族・職場など全般にわたって、人間関係を良好に築くための講座やワークショップをはじめる。短期間で成果が出ることから、多くの人に支持されている。

現在、カップルカウンセリング代表、有限会社和田企画代表取締役、一般社団法人コミュニケーション・クオーシェント協会会長、龍谷大学非常勤講師。

引きこもりを克服するための法話

二〇一五年九月二〇日　初版第一刷発行

著　者　和田真雄
発行者　西村明高
発行所　株式会社　法藏館
京都市下京区正面通烏丸東入
郵便番号　六〇〇-八一五三
電話　〇七五-三四三-〇〇三〇（編集）
　　　〇七五-三四三-五六五六（営業）

装幀者　山崎　登
印刷　立生株式会社　製本　清水製本所

ISBN 978-4-8318-8736-8 C0015